La meilleure des vies

J.K. ROWLING

La meilleure des vies

Des bienfaits insoupçonnés de l'échec et de l'importance de l'imagination

Traduit de l'anglais par Pierre Demarty

BERNARD GRASSET • PARIS

Titre original :
VERY GOOD LIVES
The Fringe Benefits of Failure
and the Importance of Imagination.

Publié en Grande-Bretagne
par Sphere, et aux États-Unis par Little, Brown and Company,
un département de Hachette Book Group, Inc., en 2015.

Illustrations originales de Joel Holland,
adaptées pour cette édition par Amandine Boucher.

Book design by Mario J. Pulice.

ISBN 978-2-253-90677-3 – 1re publication LGF

Note de l'éditeur

La Meilleure des vies reprend dans son intégralité le discours prononcé par J.K. Rowling devant les étudiants de l'université Harvard, le 5 juin 2008, à l'occasion de la traditionnelle cérémonie de remise des diplômes.

Présidente Faust, membres de la Harvard Corporation et du Conseil des Superviseurs, membres du corps enseignant, heureux parents et, avant tout, chers jeunes diplômés.

Merci

J'aimerais tout d'abord vous dire « merci ». Non seulement pour l'honneur extraordinaire que me fait Harvard en m'invitant aujourd'hui à la tribune, mais pour les semaines de trac et de nausée que j'ai endurées à l'idée de prononcer ce discours, et qui m'ont permis de perdre quelques kilos. Une situation gagnant-gagnant ! À présent, il ne me reste plus qu'à prendre une grande inspiration, fixer mon regard sur ces fanions rouges aux armes de l'université, et me convaincre que j'assiste en réalité au plus grand rassemblement international de la maison Gryffondor.

Prononcer un tel discours est une immense responsabilité – c'est du moins ce que je croyais, jusqu'à ce que me revienne en mémoire ma propre cérémonie de remise des diplômes. L'orateur était l'honorable philosophe britannique Madame la Baronne Mary Warnock. Repenser à son discours m'a énormément aidée à écrire le mien, car il s'avère que je n'ai pas retenu un traître mot de

ce qu'elle nous a dit ce jour-là. Cette révélation m'a fait l'effet d'une véritable libération, me permettant de me lancer dans cette aventure sans craindre un instant que mes paroles puissent, par inadvertance, vous inciter à délaisser la carrière prometteuse qui vous attend dans le monde des affaires, du droit ou de la politique, pour les plaisirs frivoles du métier de joyeux sorcier.

Vous voyez ? Si jamais vous ne deviez vous souvenir, d'ici quelques années, que de la boutade du joyeux sorcier, eh bien j'aurai déjà fait mieux que Madame la Baronne. Première étape vers la réussite : se donner des objectifs atteignables.

Blague à part, je me suis creusé l'âme et la cervelle à me demander ce que j'allais bien pouvoir vous raconter aujourd'hui. Quelles paroles aurais-je moi-même voulu entendre, à la fin de mes études, et quelles leçons capitales ai-je apprises au cours des vingt et une années écoulées depuis ?

L'importance de l'IMAGINATION

J'ai trouvé deux réponses. En cette merveilleuse journée, qui nous voit tous réunis pour célébrer votre succès, j'ai décidé de vous parler des bienfaits de l'échec. Et, alors même que vous vous apprêtez à franchir le seuil de ce que d'aucuns appellent la « vraie vie », je voudrais exalter l'importance cruciale de l'imagination.

ÉQUILIBRE

Ce choix pourra vous paraître paradoxal, sinon absurde, mais laissez-moi m'en expliquer.

Ce n'est pas sans un certain embarras que la femme de quarante-deux ans que je suis devenue considère aujourd'hui la jeune fille de vingt et un ans qu'elle était alors. Il y a de cela la moitié de mon existence, je balançais en équilibre précaire sur le fil tendu entre mes propres ambitions et ce que mes proches attendaient de moi.

EXCENTRICITÉ

J'étais persuadée de ne vouloir qu'une chose dans la vie, une seule : écrire des romans. Mes parents, cependant, tous deux issus d'un milieu défavorisé et n'ayant ni l'un ni l'autre suivi d'études supérieures, étaient d'avis que mon imagination débordante était une pittoresque petite excentricité personnelle qui ne me paierait jamais le loyer ni n'assurerait ma retraite. Prophétie, j'en ai bien conscience aujourd'hui, pulvérisée par l'ironie du sort comme par une enclume de dessin animé.

Mes parents, donc, espéraient que je me lance dans une formation professionnelle ; moi, je voulais étudier la littérature. Un compromis fut atteint – dont personne au bout du compte ne fut satisfait – et j'entrai à l'université pour suivre un cursus de langues étrangères. Mais à peine la voiture parentale avait-elle tourné le coin de la rue, après m'avoir déposée sur le campus, que je laissais tomber mes manuels d'allemand pour me faufiler en toute hâte dans le couloir des lettres classiques.

Je ne me rappelle pas en avoir informé mes parents, et il se pourrait fort bien qu'ils n'aient découvert mon changement d'orientation que le jour même de la cérémonie de fin d'année. De tous les sujets d'étude possibles et imaginables sur cette planète, je crois qu'ils auraient été bien en peine d'en citer un seul qui fût encore plus inutile que la mythologie grecque pour décrocher la clé des toilettes privatives d'un bureau de grand patron.

Je m'empresse de préciser, entre parenthèses, que je ne leur tiens nullement rigueur de leur point de vue. Reprocher à vos parents de ne pas vous avoir aiguillés dans la bonne direction n'a qu'un temps ; dès l'instant où vous avez atteint l'âge de prendre vous-mêmes le volant, vous êtes seuls responsables de votre trajectoire. Par ailleurs, je ne saurais en vouloir à mes parents d'avoir espéré que jamais je ne connaisse la pauvreté. Eux-mêmes l'avaient connue et, en ayant fait moi aussi l'expérience plus tard, je serais la première à dire, comme eux, qu'il n'y a rien de noble dans la pauvreté. La pauvreté engendre la peur, l'angoisse, parfois même la dépression ; être pauvre, c'est subir mille humiliations quotidiennes, mille tourments. Quiconque a réussi à s'extraire de la pauvreté par ses propres moyens peut à bon droit en être fier, oui, mais la pauvreté en elle-même n'a rien de romantique, sinon aux yeux des imbéciles.

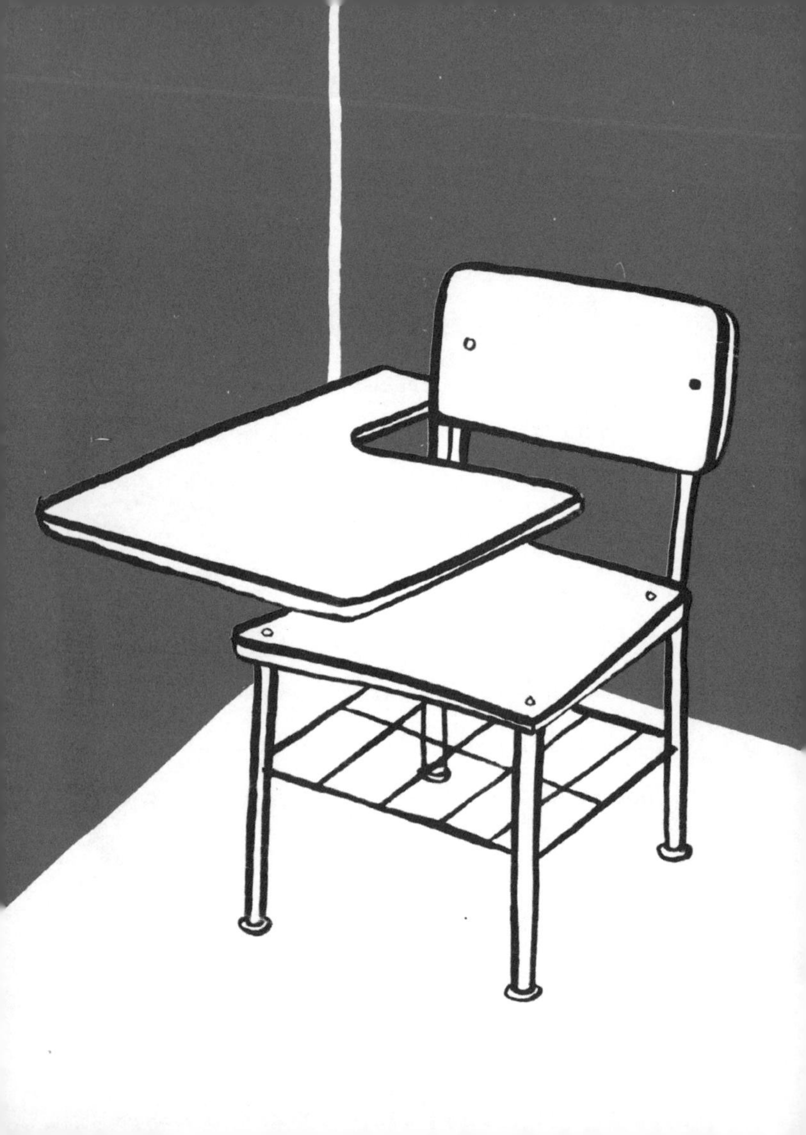

Non, ce que je craignais le plus alors, à votre âge, ce n'était pas la pauvreté, mais l'échec.

À votre âge, malgré la remarquable absence de motivation dont j'avais fait preuve à l'université, où j'avais passé bien trop de temps à écrire des histoires sur un coin de table de la cafète et bien trop peu à suivre les cours magistraux, j'avais le don singulier de réussir aux examens, et pendant des années, le succès, dans ma vie comme dans celle de mes congénères, se mesurait à l'aune de ce seul talent.

Je ne suis pas naïve au point de penser que, parce que vous êtes jeunes, brillants et cultivés, vous n'avez jamais traversé d'épreuves ou eu le cœur brisé. Le talent et l'intelligence n'ont jusqu'à nouvel ordre jamais immunisé qui que ce soit contre les caprices des divinités du Destin, et il ne me viendrait pas une seconde à l'idée de croire que vous tous ici présents n'avez jamais connu que la félicité sans nuage d'une vie de privilèges.

Néanmoins, le seul fait que vous soyez aujourd'hui diplômés de Harvard laisse penser que l'échec ne vous est pas une notion très familière. Il se peut que vous soyez animés par la peur de l'échec autant que par le désir de la réussite. Il se peut même que votre conception de l'échec ne soit guère éloignée de l'idée que se fait le quidam moyen de la réussite, vu les sommets que vous avez déjà atteints.

SOMMETS
LES
QUE VOUS
AVEZ
DÉJÀ
ATTEINTS

“la plus formidable ratée que j'aie jamais connue”

Au fond, à chacun sa définition de l'échec, mais le monde n'a de cesse de vous imposer certains critères bien spécifiques, si vous lui en laissez le loisir. Ainsi je crois pouvoir affirmer, en ce qui me concerne et toutes choses égales par ailleurs, que sept ans à peine après la fin de mes études, je me trouvais dans une situation d'échec phénoménale. Mon couple, après un mariage d'une exceptionnelle brièveté, avait implosé, j'étais sans emploi, mère célibataire, et aussi pauvre qu'on peut l'être aujourd'hui en Grande-Bretagne sans être SDF. Les craintes de mes parents, et les miennes, étaient devenues réalité : j'étais, à tous égards, la plus formidable ratée que j'aie jamais connue.

Ne vous inquiétez pas, je n'ai pas l'intention de vous expliquer que l'échec est une expérience merveilleuse. Ce fut pour moi une époque de ténèbres, et j'étais alors loin de me douter que j'en sortirais bientôt à la faveur de circonstances dignes d'un conte de fées, comme a pu depuis le raconter la presse. Je ne savais absolument pas jusqu'à quand je resterais dans l'obscurité, et pendant longtemps, la lumière au bout du tunnel fut un espoir plus qu'une réalité tangible.

Pourquoi, alors, vous parler des bienfaits de l'échec ? Tout simplement parce qu'il vous permet de vous dépouiller de tout ce qui n'est pas essentiel. J'ai abandonné toutes les prétentions qui m'éloignaient de moi-même, et j'ai commencé à consacrer toute mon énergie au seul projet qui me tenait véritablement à cœur. Si j'avais connu le succès, dans tel ou tel domaine, je n'aurais peut-être jamais trouvé la détermination nécessaire

pour réussir dans la seule arène où j'étais persuadée d'avoir ma place. Ce fut une libération : ma plus grande peur dans la vie s'était réalisée, et j'étais toujours vivante, et j'avais toujours ma fille adorée, et j'avais toujours ma vieille machine à écrire – et une grande idée. Ainsi, c'est en touchant le fond que j'ai trouvé le socle sur lequel rebâtir mon existence.

Sans doute ne connaîtrez-vous jamais d'échecs d'une telle ampleur, mais il est inévitable d'échouer d'une manière ou d'une autre au cours de son existence. Il est impossible de vivre sans rater quelque chose, à moins de vivre avec la plus extrême prudence, autant dire ne pas vivre du tout – auquel cas vous aurez échoué par défaut.

L'échec m'a donné une confiance en moi-même qu'aucun succès scolaire ne m'avait jamais permis d'atteindre. L'échec m'a appris certaines choses sur moi-même que je n'aurais jamais pu apprendre par d'autres moyens. J'ai découvert que j'étais dotée d'une volonté de fer et d'une plus grande discipline que je n'aurais pu l'imaginer ; j'ai aussi découvert que j'avais des amis plus précieux que tout l'or du monde.

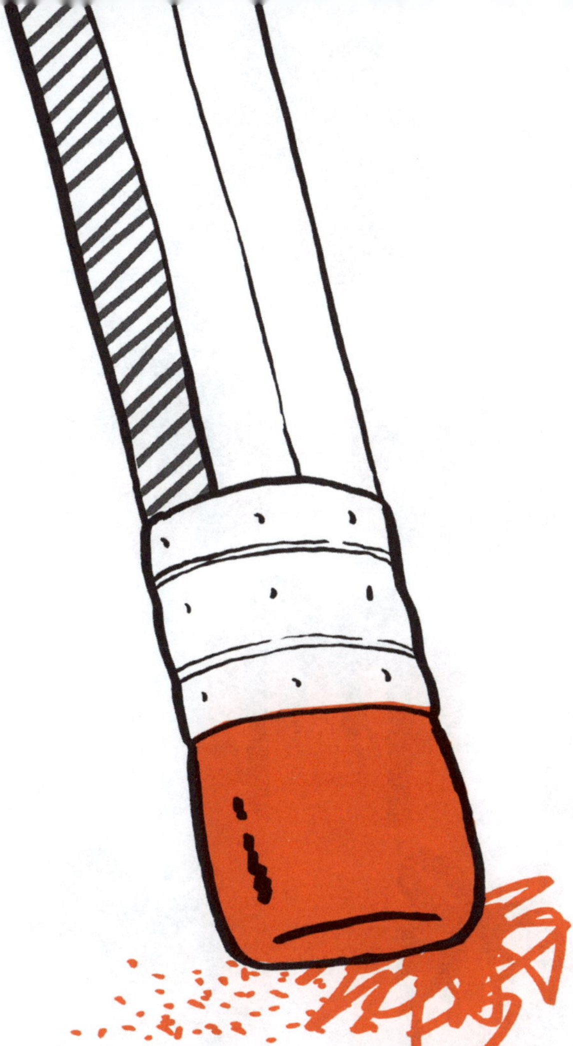

Être conscients d'avoir surmonté des épreuves et d'en être sortis grandis, plus sages et plus forts, signifie que vous aurez foi à jamais en votre aptitude à survivre. On ne se connaît jamais vraiment soi-même, pas plus qu'on ne peut être assurés de la solidité des liens tissés avec autrui, tant que l'on n'a pas été confrontés à l'adversité. Fût-il acquis dans la douleur, c'est là un savoir précieux, qui a plus de valeur à mes yeux que n'importe quelle qualification.

humilité

Si la possibilité m'était offerte de voyager dans le temps, j'irais retrouver la jeune fille de vingt et un ans que je fus et je lui dirais que le bonheur, c'est savoir que la vie n'est pas une liste de biens matériels ou de triomphes à conquérir. Votre vie ne se résume pas à vos compétences, à votre CV, même si la confusion est assez fréquente chez les gens de ma génération et au-delà. La vie est difficile, elle est compliquée, elle échappe toujours en partie à notre contrôle, et il faut avoir l'humilité de savoir cela, car c'est ainsi que l'on survit à ses vicissitudes.

Quant à mon second thème, l'importance de l'imagination, vous pourriez croire que je l'ai choisi précisément à cause du rôle qu'elle a joué dans cette reconstruction de ma vie, mais ce n'est pas tout à fait le cas. Même si je suis prête à monter au créneau pour défendre jusqu'à mon dernier souffle la valeur de ces histoires que l'on raconte le soir aux enfants dans leur lit, j'ai appris à chérir l'imagination dans une acception beaucoup plus large. L'imagination n'est pas seulement la capacité spécifiquement humaine de se représenter ce qui n'est pas, et à ce titre le fondement de toutes les inventions, de toutes les innovations ; sa puissance de transformation et de révélation en fait aussi la force qui nous permet de nous identifier à d'autres êtres humains dont nous ne partageons pas l'expérience.

L'un des moments les plus formateurs de ma vie remonte à bien avant Harry Potter, même s'il a eu une influence certaine sur les livres que j'écrirais par la suite. Cette révélation m'est venue à l'occasion d'une de mes premières aventures professionnelles. À l'époque de mes vingt ans, déjà, je filais en douce entre midi et deux pour écrire des histoires dans mon coin, mais je payais mon loyer en travaillant pour le département d'études africaines au quartier général d'Amnesty International à Londres.

Là, dans mon petit bureau étroit, j'ai lu des lettres griffonnées à la hâte et envoyées en toute illégalité par des hommes et des femmes qui vivaient dans des régimes totalitaires et risquaient la prison pour informer le monde extérieur de leur situation. J'ai vu les photos de tous ces gens disparus sans laisser de trace qu'avaient transmises à Amnesty leur famille et leurs proches. J'ai lu les témoignages de victimes de tortures et j'ai vu des images de leur corps meurtri. J'ai ouvert des enveloppes contenant les récits de gens qui avaient assisté à des procès et des exécutions sommaires, à des kidnappings, à des viols.

Nombre de mes collègues étaient d'anciens prisonniers politiques, des gens qui avaient été chassés de chez eux ou contraints à l'exil parce qu'ils avaient eu la témérité de critiquer ouvertement leur gouvernement. Parmi nos visiteurs, beaucoup venaient nous voir parce qu'ils avaient des renseignements à nous livrer, ou parce qu'ils cherchaient à savoir ce qui était arrivé à ceux qu'ils avaient laissés derrière eux.

Je n'oublierai jamais ce jeune homme d'origine africaine, guère plus âgé que moi à l'époque, qui avait été torturé et que les atrocités qu'il avait subies dans son pays avaient laissé mentalement déficient. Il tremblait de manière incontrôlable en racontant, face caméra, tous les sévices qui lui avaient été infligés. Il me dépassait

d'une tête et paraissait plus fragile qu'un enfant. On me confia la tâche de le raccompagner jusqu'à la bouche de métro la plus proche, et ce garçon, dont la vie avait été brisée par la cruauté des hommes, m'a serré la main avec la plus exquise courtoisie en me souhaitant tout le bonheur du monde.

UN
CRI DE
SOUFFRANCE
ET
D'HORREUR

Et je me souviendrai jusqu'à la fin de mes jours de ce cri soudain que j'ai entendu retentir derrière la porte fermée d'un bureau, alors que je passais dans un couloir désert, un cri de souffrance et d'horreur comme je n'en ai plus jamais entendu par la suite. La porte s'est ouverte. Une chercheuse d'Amnesty a passé une tête par l'embrasure et m'a demandé de bien vouloir apporter le plus vite possible une boisson chaude au jeune homme avec qui elle s'entretenait. Elle venait de lui annoncer qu'en représailles aux critiques qu'il avait exprimées contre le régime de son pays, sa mère avait été arrêtée et exécutée.

Chaque jour de la semaine, quand j'avais vingt ans, mon travail me donnait l'occasion de me rappeler la chance incroyable que j'avais de vivre dans un pays où le gouvernement était démocratiquement élu, où tout un chacun avait droit à une représentation légale devant la justice.

Chaque jour, je voyais défiler les preuves des souffrances que certains êtres humains font endurer à d'autres dans le but d'accéder au pouvoir ou de le conserver. Je me suis mise à faire des cauchemars, littéralement, sur les horreurs que je voyais, entendais et lisais.

Et pourtant, j'en ai également plus appris sur la bonté humaine en travaillant pour Amnesty International que jamais auparavant.

Amnesty emploie des milliers de personnes qui n'ont jamais été torturées ou incarcérées en raison de leurs convictions et qui se mobilisent au nom de tous ceux qui l'ont été. La puissance de l'empathie humaine, lorsqu'elle s'exprime à travers l'action collective, sauve des vies et libère des prisonniers. Des gens ordinaires, qui n'ont rien à craindre pour leur bien-être et leur sécurité personnelle, se rassemblent en nombre pour sauver d'autres gens qu'ils ne connaissent pas et ne rencontreront jamais. Ma modeste participation à cette entreprise a été une grande leçon d'humilité et l'une des expériences les plus exaltantes de toute ma vie.

Contrairement aux autres créatures de cette planète, les êtres humains sont capables d'apprendre et de comprendre quelque chose sans l'avoir eux-mêmes vécu. Ils peuvent se penser à la place d'autrui.

Il s'agit là bien entendu d'un pouvoir, comme la magie dans mes propres romans, moralement neutre. On peut se servir de cette aptitude pour manipuler ou contrôler tout autant que pour comprendre ou compatir.

"Ils peuvent se penser à la place d'autrui"

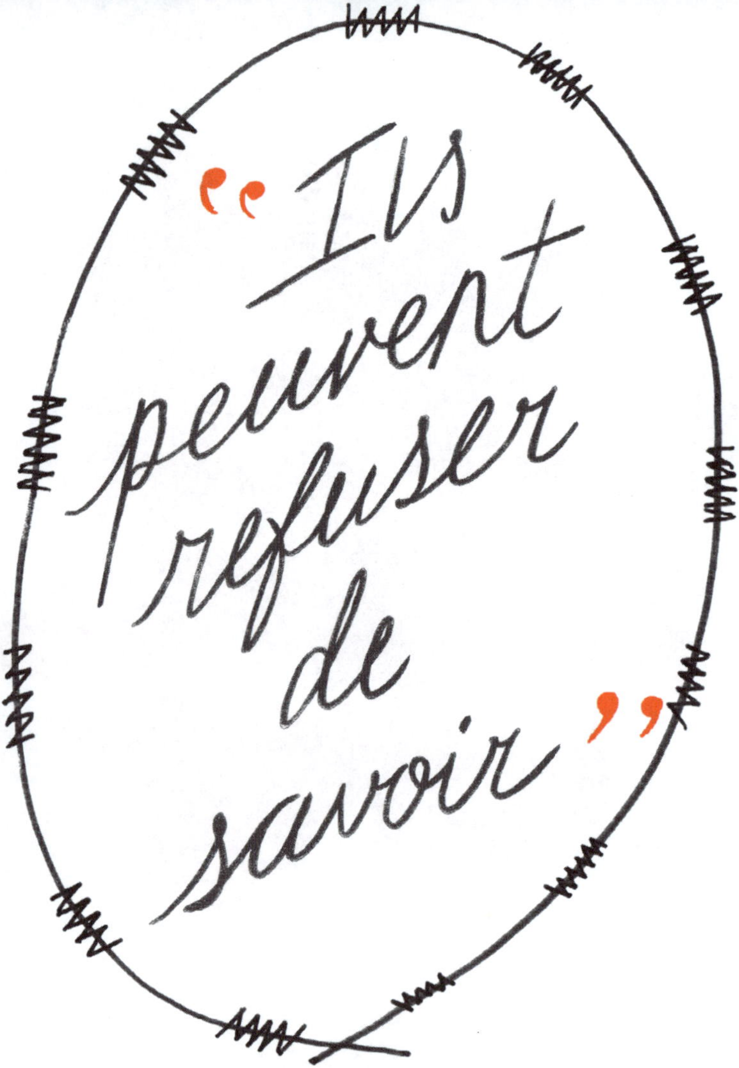
“Ils peuvent refuser de savoir”

Et nombreux sont ceux qui préfèrent ne pas exercer leur imagination du tout. Ceux-là choisissent de demeurer bien confortablement retranchés dans les limites de leur propre expérience et ne prennent jamais la peine de se demander ce que serait leur vie s'ils étaient nés autres qu'ils ne sont. Ils peuvent refuser d'entendre les cris, ou de regarder ce qui se passe derrière les barreaux ; ils peuvent fermer leur esprit et leur cœur à toutes les souffrances qui ne les concernent pas directement ; ils peuvent refuser de savoir.

Je pourrais presque être tentée d'envier ceux qui sont capables de vivre ainsi, sauf que je ne pense pas qu'ils fassent moins de cauchemars que moi. Choisir de vivre recroquevillé dans son coin engendre une forme d'agoraphobie mentale, laquelle engendre ses propres terreurs. Je crois que les gens volontairement dépourvus d'imagination voient

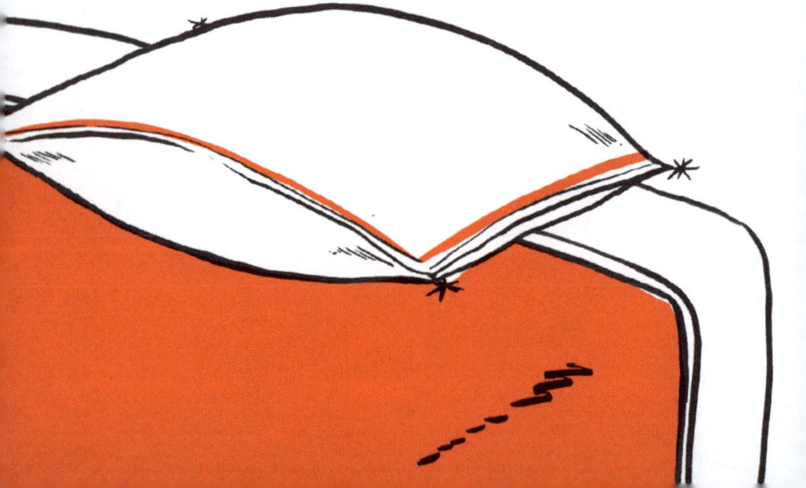

plus de monstres que les autres. Qu'ils ont plus souvent peur.

Sans compter que tourner le dos à la compassion, c'est ouvrir la voie à des monstres bien véritables. Car quand bien même nous n'aurions jamais commis nous-mêmes le moindre mal avéré, notre apathie nous en rend complices.

L'une des nombreuses leçons que j'ai apprises, une fois arrivée au bout de ce couloir des lettres classiques dans lequel je m'étais engouffrée à dix-huit ans, en quête de quelque chose que je n'aurais alors pas pu définir, tient dans cette phrase de l'auteur grec Plutarque : « Ce que nous accomplissons à l'intérieur transforme la réalité extérieure. »

Déclaration surprenante, et qui pourtant se trouve vérifiée mille fois par jour dans notre vie. C'est une manière de dire que nous sommes indissociablement liés au monde extérieur, que nous touchons la vie des autres par le simple fait que nous existons.

N
W
E
S

Mais vous, jeunes diplômés de la promotion Harvard 2008, n'êtes-vous pas plus encore destinés à toucher la vie des autres ? Votre intelligence, votre capacité de travail, l'éducation que vous avez reçue et méritée par vos efforts, tout cela vous donne un statut unique et des responsabilités uniques. Même votre nationalité vous distingue. La grande majorité d'entre vous appartient à la seule superpuissance restant au monde. La façon dont vous votez, la façon dont vous vivez, la façon dont vous protestez, la pression que vous pouvez faire peser sur votre gouvernement, a un impact qui va bien au-delà de vos frontières. C'est là votre privilège, et votre fardeau.

Si vous choisissez d'utiliser votre statut et votre influence pour parler au nom de tous ceux qui n'ont pas la parole ; si vous choisissez de ne pas vous ranger seulement aux côtés de ceux qui détiennent le pouvoir mais aussi de ceux qui n'en ont aucun ; si vous conservez la capacité de vous transporter par l'imagination dans la vie de tous ceux qui n'ont pas les mêmes avantages que vous, alors votre existence sera la fierté non seulement de votre famille mais des milliers et des millions de gens dont vous aurez changé la vie. Nous n'avons pas besoin de magie pour transformer notre monde ; nous portons déjà en nous tout le pouvoir dont nous avons besoin : nous avons le pouvoir d'imaginer mieux.

J'en ai presque terminé. Je nourris un dernier espoir pour vous, un espoir que j'avais déjà à vingt et un ans. Les amis qui se tenaient à mes côtés, le jour où j'ai reçu mon diplôme, sont restés mes amis pour la vie. Ce sont les parrains et marraines de mes enfants, les gens vers qui j'ai pu me tourner quand les temps étaient durs, des gens qui ont eu la mansuétude de ne pas me traîner devant les tribunaux quand j'ai emprunté leurs patronymes pour les donner aux Mangemorts. Le jour de cette cérémonie, nous étions liés par une immense affection, par notre traversée commune d'une époque qui jamais plus ne reviendrait et, bien sûr, par certaines pièces à conviction photographiques dont nous savions qu'elles auraient une valeur inestimable si d'aventure l'un d'entre nous devait un jour devenir Premier ministre.

Alors, aujourd'hui, je ne peux vous souhaiter que de connaître de telles amitiés. Et demain, j'espère qu'à défaut de vous souvenir de mes paroles, vous saurez vous remémorer celles de Sénèque, encore un de ces vieux Romains que j'ai rencontrés dans le dédale de la littérature classique où, loin des sirènes carriéristes, je me suis un jour enfuie, à la recherche de la plus antique sagesse :

« Il en va de la vie comme d'une histoire : peu importe ce qu'elle dure ; ce qui compte, c'est qu'elle soit bonne. »

Je vous souhaite à tous la meilleure des vies.

Merci beaucoup.

Je vous souhaite à tous la meilleure des vies

À PROPOS DE L'AUTEUR

J.K. ROWLING est l'auteur des romans Harry Potter, qui ont battu tous les records et reçu de nombreuses récompenses. Adulée par des fans dans le monde entier, la série s'est vendue à plus de 450 millions d'exemplaires, a été traduite en 80 langues et adaptée au cinéma en huit films à succès. Elle a également écrit trois ouvrages dérivés de la série à des fins caritatives : *Le Quidditch à travers les âges* et *Les Animaux fantastiques* (au profit de Comic Relief et de Lumos) et *Les Contes de Beedle le Barde* (au profit de Lumos), ainsi que le scénario du film inspiré par *Les Animaux fantastiques*. J.K. Rowling a également collaboré à une pièce de théâtre, *Harry Potter et l'Enfant maudit, Parties Un et Deux*, représentée pour la première fois dans le West End de Londres à l'été 2016.

J.K. Rowling a reçu de nombreuses récompenses et distinctions, notamment un OBE pour services rendus à la littérature jeunesse, la Légion d'honneur française et le prix Hans Christian Andersen. Elle soutient de nombreuses causes à travers son fonds caritatif, Volant. Elle est également la fondatrice et présidente de l'association caritative Lumos, qui œuvre à mettre fin au placement des enfants en foyer ou en famille d'accueil à travers le monde et à favoriser leur épanouissement au sein d'un environnement protégé.

PAPIER À BASE DE
FIBRES CERTIFIÉES

Le Livre de Poche s'engage pour l'environnement en réduisant l'empreinte carbone de ses livres. Celle de cet exemplaire est de :
400 g éq. CO_2
Rendez-vous sur
www.livredepoche-durable.fr

Composition réalisée par PCA

Achevé d'imprimer en septembre 2018 en Espagne par
Unigraf
Dépôt légal 1re publication : novembre 2018
LIBRAIRIE GÉNÉRALE FRANÇAISE
21, rue du Montparnasse – 75298 Paris Cedex 06

87/6256/4